How to

MW00961335

This novel is meant for learners of Spanish. All words are defined in the glossary at the end of the book. (Less commonly used words are footnoted.) It contains a limited number of unique words, meaning that while you might have to look up every word on the first few pages, you will find that you have acquired most of the words as you progress because you will have looked them up many times. It is composed almost exclusively of high-frequency words and cognates. High-frequency words are those that are the most common and useful for conversation in Spanish. Cognates are words that look and/or sound the same as their equivalent English word.

As my first novel, I know that this book will be a work in progress for some time. Please advise me if you find any errors or words missing from the glossary. You can contact me with any concerns at gomezn@easternflorida.edu.

Índice

lunes	martes	miércoles	jueves	viernes	sábado	domingo
X	X				¡competencia!	

Capítulo uno (1): La competencia
miércoles por la mañana

– ¡Natalia, vamos! ¡Tienes que marchar más rápido! – dice Ashley.

– ¡Estoy marchando, amiga, pero este xilófono es súper grande! Y yo no soy grande, soy una chica pequeña.

Ryan, el novio de Natalia, responde – ¡Pero eres muy fuerte! ¡Tú puedes, Natalia! La competencia es en solo tres días.

Los estudiantes de Cocoa High en Cocoa, Florida se preparan para una competencia importante. Es una competencia de bandas de marcha. Tienen que tocar sus instrumentos y también marchar en formaciones interesantes. Natalia toca el xilófono, Ashley toca el clarinete y Ryan toca la trompeta. La música es muy importante para los amigos y la competencia es superhipermegaimportante[1] para la banda de marcha de Cocoa High.

Natalia, Ashley y Ryan tienen dieciocho (18) años. Ashley y Ryan son estadounidenses, pero les gusta practicar el español con Natalia porque Natalia es bilingüe. El papá de Natalia es mexicano y su mamá es de Iowa. Natalia habla español pero su español no es perfecto. Es difícil porque habla español en casa, pero cuando no está en casa, no habla mucho español. Sus clases son en inglés y habla inglés en el trabajo. Sus amigos hablan un poco de español, pero hablan más inglés. La familia de Natalia es latina. Pero a veces Natalia se siente más estadounidense que latina.

---

[1] (slang) extremely / "super-duper" important

A las tres y media (3:30), Natalia llega a su casa. Está cansada porque sus clases son difíciles y marchar con el xilófono es mucho trabajo. Va al sofá y ve el teléfono. En su teléfono, ve las fotos. Le gustan mucho las fotos. Natalia se toma una foto² y se la manda³ a Ashley y a Ryan.

El papá de Natalia trabaja en la computadora y toma⁴ agua de Jamaica⁵. Es un hombre muy trabajador y muy inteligente.

– ¿Qué tal tu día, Natalia?

– Muy bien, papá. Estoy bien, pero estoy nerviosa por la competencia que es en tres días.

– ¿En tres días? ¿El sábado?

– Sí, el sábado, dieciséis (16) de mayo.

– Eso no es bueno. El bautizo de tu prima va a ser ese sábado. Toda la familia va a estar en el bautizo. Sabes que los bautizos son una tradición muy importante para nuestra familia. Hay una gran fiesta para celebrar al bebé.

En ese momento, llega la mamá de Natalia.

---

² **se toma una foto** she takes a picture of herself
³ **se la manda** sends it (to them)
⁴ drinks
⁵ **agua de Jamaica** a popular sweet Mexican drink made from the hibiscus flower

– Mamá, tengo un problema. La competencia de la banda de marcha va a ser el sábado, dieciséis de mayo, pero el bautizo de mi prima es el mismo día. Tengo que ir a la competencia; mis amigos dependen de mí.

La mamá de Natalia es una mujer respetable pero no muy comprensiva[6]. Es de Iowa y trabaja en una oficina en Cocoa. Es estadounidense, pero habla español. A los papás de Natalia les gusta hablar español en casa porque es parte de la cultura y de la identidad de la familia.

– Natalia, lo siento, pero tienes que ir al bautizo. Los bautizos son muy importantes y toda la familia va a estar en ese bautizo. No puedes ir a la competencia este año. La familia es más importante que las competencias. La familia es más importante que los amigos.

– Pero mamá, ¡ya no voy a estar en Cocoa High! ¡No hay más competencias!

---

[6] understanding

Natalia sabe que el bautizo es importante pero su familia tiene muchas fiestas. Solo hay una competencia y sus amigos dependen de ella para tocar el xilófono y marchar en la formación. Natalia tiene que decidir qué es más importante – su familia y sus tradiciones o sus amigos y la competencia. Es una decisión difícil, pero sabe con quién puede hablar cuando hay decisiones difíciles.

Capítulo dos (2): La conversación
miércoles por la tarde

– Hola, Miguel, ¿cómo estás?
– Hola Natalia, ¿qué tal?

– Tengo un problema, Miguel. La competencia de la banda de marcha es el mismo día que el bautizo de mi prima. No sé qué hacer. Eres uno de mis mejores amigos y sé que puedo hablar contigo cuando tengo problemas. No puedo hablar con Ryan y no puedo hablar con Ashley. Para ellos la competencia es muy importante. Van a decir que debo ir a la competencia.

– Es una decisión difícil Natalia, pero vos sabés[7] que las fiestas de familia son muy importantes para muchos latinos. Mi familia es igual. Tengo que ir a todas las fiestas que hace mi familia. Son tradiciones importantes.

---

[7] **vos sabés** *you know* in the "vos" form. People from many countries in Central and South America use "vos" instead of "tú" or "ti" to say "you". The "vos" form of verbs is slightly different than the tú form, often just by an accent mark.

Miguel también es latino pero su experiencia es diferente a la experiencia de Natalia. Miguel es de Guatemala y solo tiene dos años en los Estados Unidos. No habla mucho inglés y no se siente estadounidense. Miguel no habla inglés, pero no es monolingüe – ¡es bilingüe también! Miguel y su familia hablan español, pero también hablan k'iche'[8]. Muchas personas latinas hablan español y también un idioma indígena[9]. ¡Muchas personas indígenas son bilingües o trilingües! La cultura de Miguel es un poco diferente a la cultura de Natalia, pero son buenos amigos.

– Creo que debés[10] ir al bautizo, Natalia. La familia es más importante que los amigos. Tu familia es tu identidad.

– No es cierto, Miguel. ¡Tú dices lo mismo que mi mamá! ¡Tú y mi mamá no piensan que los amigos también son importantes y solo piensan en las tradiciones! ¡Hay muchas tradiciones, pero solo una competencia!

---

[8] **k'iche'** or quiché – Mayan language spoken by millions of Guatemalans. It is one of 23 indigenous languages spoken in Guatemala.

[9] indigenous (native American)

[10] you should (vos form)

Natalia ya no quiere hablar con Miguel. Miguel tiene las mismas ideas que su mamá. Le habla por teléfono a Ashley.

– ¡Hola, Natalia! Estoy practicando el clarinete porque la competencia es muy importante. ¿También estás practicando?

– No estoy practicando, Ashley. No sé si voy a ir. Hay un bautizo en mi familia el mismo día. No sé qué hacer.

– ¿Un bautizo? Un bautizo no es más importante que la competencia. ¡Tu familia tiene muchas fiestas! ¡La banda te necesita! ¡No podemos competir sin ti! Eres muy buena amiga y yo sé que vas a tomar la decisión correcta. ¡Adiós!

Es un problema muy complicado. *Toda mi vida es complicada*, piensa Natalia. Pero no sabe que su vida va a ser más complicada mañana.

Capítulo tres (3): El escape
jueves por la mañana

– Hola clase, ¡buenos días!
– Buenos días, Señora White.
– ¿Cómo están?
– Yo estoy muy bien, ¡gracias! – dice
Ashley. A Ashley le gusta mucho la clase
de español. Le gusta estudiar y es muy
inteligente.
– ¿Qué van a hacer hoy? – pregunta la
Señora White.

– Yo voy a estudiar para mis clases y también practicar con la banda. Tenemos una competencia en solo dos días y es muy importante. Ryan, Natalia y yo vamos a ir a la competencia.

Ashley mira a Natalia y Natalia se siente mal. No sabe si va a ir a la competencia.

– ¿Y tú, Natalia? ¿Qué vas a hacer hoy? – pregunta[11] la Señora White.

– Voy a comer mi lonche y por la tarde voy a estudiar en la librería[12].

– No, Natalia. – dice la profesora White. – No se dice "lonche". Se dice "almuerzo[13]". Y no vas a estudiar en la librería, vas a estudiar en la biblioteca[14]. A veces tu español es muy malo.

Un estudiante antipático[15] dice – ¿Eres latina y no hablas español? ¡Qué ridículo!

---

[11] asks
[12] bookstore
[13] lunch
[14] library
[15] unpleasant, mean

– ¡Sí, hablo español! – dice Natalia.
Natalia se siente mal. No le gusta la clase de
español. La Sra. White es antipática con ella y la
clase es muy difícil. En los exámenes, tiene que
saber conjugar[16] los verbos. ¡¿Qué es conjugar?!
Sus papás no dicen nada de conjugar – solo
hablan español. La Señora White dice que el
español de Natalia no es correcto. Dice que no se
dice "lonche". ¿Por qué no se dice lonche? Su
papá dice lonche y Miguel también dice lonche.
Pero la Sra. White dice que no se dice "lonche"
en España. Hay 53 millones de hispanohablantes
en los Estados Unidos y hay 47 millones de
hispanohablantes en España. ¿Por qué el español
de Natalia no es correcto si millones de personas
hablan como[17] ella? ¿Quién decide qué es
correcto?

>   – Ryan, ¿Qué vas a hacer hoy? – continúa
>   la Sra. White.
>   – Voy a…eh…la band… – Ryan está
>   nervioso porque la clase de español es
>   difícil para él.

---

[16] conjugate (grammatical term) to modify a verb from its original
form
[17] like

– ¡Tú puedes, Ryan! ¡Tú también eres latino! ¡Tienes que hablar español! – dice Ashley

Ryan se siente mal. Es latino, pero no se siente como latino. Sus papás son puertorriqueños, pero no hablan español en casa. Ryan no sabe mucho español porque sus papás no le hablan en español. Sus papás dicen que el inglés es más importante.

– Ryan no es latino, es afroamericano. – continúa el estudiante antipático. – Los africanos no son latinos. ¡Qué ridículo!

–¡Qué ridículo eres tú! – le dice Natalia al estudiante antipático. – Hay muchas personas afrolatinas[18]. Hay muchos latinos de origen africano. Hay afropuertorriqueños[19] y también hay afromexicanos. ¡Ryan es afropuertorriqueño! ¡Es afrolatino y es estadounidense! ¡Hay muchos latinos que son afrolatinos y hay muchos latinos que no hablan español!

---

[18] Latinos of African descent
[19] Puerto Ricans of African descent

Ryan se siente un poco mejor porque Natalia sabe defender a su novio. Es afrolatino, pero también es estadounidense. Si su familia no le habla en español, ¿cómo va a hablar español? Va a la clase de español, pero la clase es muy difícil. Ryan piensa que no es bueno para hablar español. Ryan decide que solo habla inglés.

> – Ryan va a practicar para la competencia que vamos a tener en dos días. – dice Ashley perfectamente.

Natalia quiere hablar español con la Señora White. Ella sabe que habla español. Sabe que es bilingüe.

> – Hoy también voy a juegar[20] en mi teléfono y ver los fotos que tengo en el teléfono. Me gusta mucho ver fotos.
> – Natalia, se dice "jugar", no "juegar" y se dice "las fotos", no "los fotos". "Foto" es femenina porque es parte de "fotografía". ¡Es muy fácil! – dice Ashley
> – Muy bien, Ashley. – dice la Señora White. – Eres muy inteligente.

---

[20] **jugar** play (**juegar** - common misspelling/mispronunciation)

Natalia no quiere estar en la clase de español. Piensa un momento y decide que se va a ir[21]. Va a salir de la escuela. Sale de la clase y le habla a Miguel por teléfono. Miguel tiene diecinueve (19) años y no va a la escuela.

– Miguel, ¿puedes venir por mí[22]? ¡No quiero estar en esta escuela!

– Natalia, tenés[23] que estar en la escuela. Si no vas a tus clases, es un problema.

– Miguel, tengo que salir. Quiero ir contigo en tu carro.

Natalia sale de la escuela y se va con Miguel. Pero Miguel y Natalia saben que cuando los estudiantes salen de la escuela, es un gran problema.

---

[21] **se va a ir** she is going to leave
[22] **venir por mí** come get me
[23] **tenés que** you have to (vos form)

Capítulo cuatro (4): El problema de Miguel

jueves por la tarde

– Muchas gracias, Miguel. Gracias por ser un buen amigo.

– De nada, Natalia. Estoy nervioso porque no estás en la escuela. Debés estar en la escuela.

– ¿Eres mi papá? ¡No quiero estar en la escuela!

– No sé, Natalia, no quiero problemas. Tenés que ir a la escuela o a tu casa. Estoy nervioso.

– En ese momento, Natalia ve otro carro. Es un carro de policía. El policía quiere hablar con Miguel.

– Good afternoon, officer. – Miguel está nervioso porque no habla mucho inglés y sabe que hay un problema. Natalia debe estar en la escuela.

El policía quiere ver la identificación de Miguel. Miguel le da[24] su identificación, pero está nervioso. El policía va a su carro. Está en su carro por un momento.

– Lo siento, Miguel. ¡No soy buena amiga! Debo estar en la escuela y ahora tú tienes problemas.

– Sí, tú debes estar en la escuela. – dice el policía. Los chicos ven que el policía ya no está en su carro. – Pero hay un problema más grande. – Miguel, usted tiene que venir conmigo. Voy a tener que arrestarlo[25].

---

[24] **le da** gives him
[25] **voy a tener que arrestarlo** I'm going to have to arrest you

El policía arresta a Miguel y no dice por qué. ¿Por qué arresta a Miguel? Miguel es un buen chico. Tiene identificación. ¿Hay un problema con su identificación? Natalia está nerviosa y piensa, *Miguel es un inmigrante. ¿Miguel es un inmigrante legal? ¿O es un inmigrante indocumentado[26]?* Natalia no sabe, pero piensa que el problema de Miguel es un problema muy grande.

---

[26] undocumented – when an immigrant does not have documented authorization to be in a country

Capítulo cinco (5): Los amigos bilingües
viernes por la mañana

Natalia no se siente bien, pero tiene que ir a la escuela. Sus amigos dependen de ella para practicar para la competencia de la banda de marcha.

– Ryan, ¡no es la formación correcta! – dice Natalia.

Ryan no se siente bien tampoco[27]. A veces es fácil tener dieciocho años, ¡pero a veces es difícil! La identidad es muy complicada para una persona de dieciocho años. Y es más complicado para un afrolatino en los Estados Unidos.

> – ¡Ahora estoy marchando bien! – dice Ryan.

Ashley deja de marchar[28] y les dice – Lo siento, Natalia. Lo siento, Ryan. A veces no soy buena amiga. Me gusta mucho la clase de español, pero debo defender a mis amigos. Está bien si su español no es perfecto. Está bien si no les gusta hablar español.

> – Me gusta hablar español – dice Natalia – pero no me gusta cuando las personas dicen que mi español no es bueno. El español de diferentes personas es diferente. Y no deben decir que no es correcto si muchas personas hablan como yo.

---

[27] either
[28] **deja de marchar** stops marching

– A mí también me gusta hablar español – dice Ryan (en inglés) – pero es difícil para mí. Mis papás no me hablan en español. A veces mi papá dice que no soy inteligente porque no hablo español. ¿Cómo voy a hablar español si ellos no me hablan en español? ¡Es ridículo! Solo practico en la clase de español y con ustedes un poco. El español no es gran parte de mi vida. Mi vida es estadounidense. Tú eres muy inteligente, Natalia. Eres muy inteligente porque eres bilingüe.

– ¡Tú también eres inteligente, Ryan! – dice Natalia – Somos producto de nuestras circunstancias. Hablo español porque mi familia habla español. Pero no hablo perfecto porque no hay muchas oportunidades para practicar español en mi vida. En Latinoamérica, las personas hablan español en sus clases y en el trabajo. ¡Yo no! Tú no hablas español porque no es gran parte de tu vida. ¡Es normal!

Natalia se siente un poco mejor porque tiene buenos amigos. Pero no quiere ir a la clase de español. Y hay un gran problema. ¡Miguel tiene un gran problema! Natalia quiere ver cómo está Miguel. Natalia no va a ir a la clase de español. Quiere ver a Miguel. Piensa, *Me voy*[29]. *Me voy de la escuela. Quiero ver cómo está Miguel.*

Sabe que es un problema, pero se va de la escuela. Tiene que ir a su casa en secreto porque debe estar en la escuela. Es la una y media (1:30). Su papá llega a las cuatro (4:00) y su mamá llega a las cinco y cuarto (5:15). Va a poder ir a su casa en secreto. Llega a su casa y se prepara para ir a ver a Miguel, pero ahora Natalia tiene un problema. Son las dos menos cuarto (1:45) y llega su papá. Su papá piensa que está en la escuela y va a ver que está en casa. Va a ver que no está en la escuela. Natalia va a tener problemas muy grandes.

---

[29] I'm leaving

Capítulo seis (6): En casa en secreto
viernes por la tarde

Son las dos menos cuarto y Natalia está en casa. No debe estar en casa porque debe estar en la escuela. Quiere estar en casa en secreto, pero hay un problema – su papá está en la casa ahora. Su papá llega a las cuatro, ¡pero hoy llega a las dos menos cuarto! Natalia va a tener muchos problemas ahora. Natalia tiene que salir de la casa en secreto para ver a Miguel.

Natalia quiere salir de la casa en secreto, pero no puede. Su papá la ve y ahora no hay secreto. Su papá sabe que no está en la escuela.

– ¡¿Natalia?! ¿Por qué estás en casa? ¿Por qué no estás en la escuela? ¡Debes estar en la escuela!

– No quiero estar en la escuela. Tengo un problema grande…pero es un secreto. Y no me gusta la clase de español. La profesora dice que mi español es malo. Los estudiantes son antipáticos y dicen que, si soy latina, debo tener un español perfecto. Mi español no es perfecto y dicen que no soy bilingüe. También dicen que los africanos no son latinos. No saben que hay personas afrolatinas. Y no saben que no todos los latinos tienen un español perfecto. Es complicado ser latino en los Estados Unidos.

– A veces es complicado, Natalia. Pero es muy bueno ser latino. ¡Eres bilingüe!

– Pero no soy cien por ciento (100%) bilingüe. Mi español no es perfecto.

– Natalia, ¿puedes comprender cuando las personas hablan español?

– Sí, puedo comprender, pero…

– ¿Las personas te comprenden cuando hablas español?

– Sí, las personas me comprenden, pero…

– ¡Eres bilingüe! No importa si hablas perfecto o si no hablas perfecto. Ser bilingüe es poder comunicarte con otras personas. ¡Y el español perfecto no existe! Todos hablamos español diferente. ¿Tú hablas inglés igual que tu amiga Ashley?

– No, Ashley dice, "pop" y yo digo "soda".

– ¡Exacto! Pero se comunican y se comprenden. ¿Quién decide qué es correcto y qué no es correcto?

– Gracias, papá. Ahora me siento bien.

– Bueno, Natalia, yo no me siento bien. Tú debes estar en la escuela. ¿Cuál es el gran problema que tienes?

– Bueno, yo no tengo un problema; mi amigo, Miguel tiene un problema, pero es un secreto. Tengo que ver a Miguel porque es buen amigo y tiene un problema muy grande.

– ¿Vas a ir a la casa de Miguel? ¡No puedes ir a la casa de Miguel ahora! ¡Tienes que ir a la escuela! ¡Puedes ir a la casa de Miguel a las tres y media!

– Papá, Miguel no está en su casa. Tiene un problema MUY grande. Pero vas a pensar que Miguel es mala persona.

– Natalia, Miguel es un buen chico. Yo sé que es un buen chico. Si tiene un problema, puedes decirme. No voy a pensar que Miguel es malo.

– Bueno, Miguel no está en su casa…porque está con la policía. Creo que Miguel es un inmigrante indocumentado.

– ¡Es increíble! Pero sí Miguel está con la policía, tú no puedes hacer nada. Si Miguel es un inmigrante indocumentado, no puedes hacer nada. Tienes que ir a la escuela.

– Ahora piensas que Miguel es mala persona porque es inmigrante indocumentado.

– No, Miguel es un buen chico. Y hay otro secreto que tienes que saber. Tengo un secreto muy grande que tú no sabes.

Capítulo siete (7): El gran secreto
viernes por la tarde

– Papá, ¿tienes un secreto? ¿Sabes algo de Miguel? ¿Sabes si es indocumentado? ¿Sabes si se va a tener que ir a Guatemala?
– No, no sé nada de Miguel. El secreto no es de Miguel. Es mi secreto.
– Papá, eres un hombre respetable y trabajador. ¿Cuál es tu secreto?

– Natalia, necesitas saber…que yo fui[30] indocumentado. Ahora soy legal. Pero antes[31], no. Antes no tenía papeles[32].

– ¿Qué? ¿Por qué? ¿Por qué las personas no llegan a los Estados Unidos legalmente?

---

[30] I was
[31] previously, before
[32] "papers", refers to legal authorization to be in the U.S.

– Muchas personas no pueden. Es imposible para muchas personas. Es muy complicado. Debes investigar cómo los inmigrantes pueden ser legales. No hay muchas posibilidades. Para muchos mexicanos, no es una opción. Tienen que decidir – la violencia y la pobreza[33] en México – o el trabajo difícil en los Estados Unidos. Muchos quieren trabajar en Estados Unidos, pero casi nunca[34] es posible hacerlo legalmente. Si los inmigrantes trabajan legalmente, tienen más derechos[35] y hacen más dinero[36]. No es bueno para la economía de los Estados Unidos. Es mejor para la economía cuando los inmigrantes son indocumentados porque no hacen mucho dinero y los productos que hacen son más baratos[37]. Es muy complicado. Las personas no quieren ser indocumentados. Si son indocumentados, es porque no tienen la opción de tener papeles. No es porque no quieren.

---

[33] poverty
[34] **casi nunca** almost never
[35] rights

– ¡No lo puedo creer! – dice Natalia. – ¿Qué va a hacer Miguel?

– Lo siento, Natalia, pero si Miguel es indocumentado, los oficiales van a decir que se tiene que ir a Guatemala. No puede estar en los Estados Unidos. No lo vas a poder ver. Puede ser tu amigo, pero va a estar en Guatemala.

Ahora Natalia no se siente bien. Quiere hablar con un amigo. No puede hablar con Miguel. Ve que son las tres y media. Puede hablar con sus amigos de la escuela. *Son buenos amigos*, piensa Natalia. *Mis amigos van a querer hablar conmigo.* Le habla a Ryan pero Ryan no contesta[38] el teléfono. *¿Porqué no contesta? Debe estar en su casa. No está en la escuela.* Le habla a Ashley. Ashley contesta el teléfono, pero no dice nada.

–¿Ashley?

Ashley no dice nada. Natalia piensa que hay un problema.

– ¿Hola? ¿Natalia? No puedo hablar. Ehhh….estoy ocupada.

---

[36] money
[37] cheaper
[38] answers

– ¿Estás practicando para la competencia?

– Eh, no, eh, ¡sí! Estoy practicando para la competencia. ¡Adiós!

Natalia no se siente bien porque Ashley no quiere hablar con ella. Piensa que hay un problema. Decide ir a la casa de Ryan y ve algo increíble. Natalia está furiosa.

Capítulo ocho (8): Los "amigos"
viernes por la noche

Natalia llega a la casa de Ryan y se siente muy mal. Ryan no quiere hablar con ella – no contesta el teléfono. Ashley no quiere hablar con ella – dice que está "ocupada". Ahora ve el problema. El carro de Ashley está en la casa de Ryan. Natalia está furiosa. ¡Ryan es su novio! Ashley y Ryan no son buenos amigos.
Natalia llega a la puerta de la casa de Ryan. Está furiosa. ¿Por qué son malos mis amigos? ¿Qué hacen? Ryan llega a la puerta.

– Hola, Natalia, ¿qué tal?

– ¿Qué tal? ¡Ashley está contigo! ¡Ashley está en tu casa! Ashley es mi amiga y tú eres mi novio. ¡Ustedes son malos amigos!

Natalia se va. Sus amigos son horribles. No va a ir a la competencia. La familia es más importante. Decide que es latina y tiene que ir al bautizo. Las personas estadounidenses van a las competencias de banda de marcha. ¿Una latina que toca el xilófono y no va a las fiestas? Es un poco ridículo. Sus amigos estadounidenses son horribles. Su familia es importante y decide ir al bautizo. ¿Por qué tiene amigos horribles? Miguel es su amigo, pero Miguel tiene muchos problemas. Miguel se va a tener que ir a Guatemala. No puede estar en los Estados Unidos porque es indocumentado. ¡Qué complicado! Su vida estadounidense es complicada pero su vida latina es complicada también.

Natalia se siente súper mal y va para su casa. Cuando va para su casa, una persona le habla por teléfono. ¡Miguel le habla por teléfono!

– ¡Miguel! ¿Estás bien? ¿Estás con los oficiales? ¡Lo siento mucho! Sé que eres indocumentado y te vas a tener que ir a Guatemala. ¡Qué mal! Eres buen amigo.

– ¿Indocumentado? No, Natalia, no soy indocumentado. Tengo una visa[39]. Había[40] un problema con mi visa, pero ahora está bien. Estoy en mi casa.

– ¿No tienes que ir a Guatemala?

– No, no tengo que ir a Guatemala. Tengo suerte porque tengo una visa. Es muy difícil tener una visa, pero yo tengo una. Tengo mucha suerte.

– ¡Qué bien! Miguel, eres muy buen amigo. Mi novio y mi amiga Ashley son horribles. Me siento estadounidense pero no soy estadounidense, soy latina. Voy a ir al bautizo el sábado. ¿Quieres ir al bautizo conmigo?

– ¿El bautizo? Eh, tenés que ir a la competencia, Natalia. La competencia es muy importante.

---

[39] **visa** - authorization to be in a foreign country
[40] there was

– ¿La competencia? Primero dices que la competencia no es importante. Dices que la familia y las tradiciones son más importantes que los amigos. Ahora te digo que mis amigos son horribles y dices que es más importante ir a la competencia. ¡Qué complicado! ¡Eres muy complicado, Miguel!

– Sí, lo siento Natalia. Tenés que ir a la competencia.

Ahora Natalia se siente súper mal. Sus amigos estadounidenses son horribles. Su amigo latino es complicado. Quiere ir a la competencia. ¡No hay más competencias! Ya no va a ir a Cocoa High y ya no hay competencias. También quiere ir al bautizo. Le gustan mucho los bautizos porque toda la familia va a la fiesta. Las personas latinas van a las fiestas de su familia. ¿Pero es latina ella? Si va a la competencia, va a ver a sus amigos horribles. ¡Su novio y su amiga son horribles! Sus amigos horribles dependen de ella y si no va, va a ser un problema para ellos. ¡Un problema para los amigos horribles! Pero no, ella no es mala. No es mala persona. Ella va a hacer algo bueno porque es buena persona. ¿Pero el bautizo? Ay ay ay, qué complicado.

Capítulo nueve (9): La decisión
viernes por la noche

Natalia llega a su casa. Sus amigos son malos y complicados, pero está bien. Tiene a su familia. Su papá está en casa.

    – Hola, Natalia. ¿Qué tal?

– Eh. Mi vida es complicada, papá. Me siento estadounidense pero mis amigos estadounidenses son horribles. También me siento latina y quiero ir al bautizo…pero también quiero ir a la competencia. No puedo decidir. No puedo decidir si es más importante la competencia o el bautizo. La familia es muy importante, pero hay muchas fiestas. Y la competencia es importante para mí. Miguel dice que tengo que ir a la competencia, pero no sé por qué. Miguel es buen amigo, pero es muy complicado.

– Es difícil, Natalia. Pero no tienes que decidir si eres latina o si eres estadounidense. Eres latina, eres mexicana y eres estadounidense. ¡Las personas somos complicadas! No tenemos que decidir. Tú eres tú. Eres Natalia. La identidad es complicada pero no tienes que decidir nada. No hay nadie[41] como tú. Solo tú tienes tu identidad. Ryan es Ryan, Ashley es Ashley, Miguel es Miguel y tú eres Natalia. Si eres estadounidense o eres latina, no es importante. Todos pueden ser amigos.

– Mis amigos son horribles, papá. No quiero hablar de mis amigos. Está bien, no tengo que decidir si soy latina o si soy estadounidense, pero tengo que decidir si voy a la competencia o si voy al bautizo. No sé cuál es más importante.

– Mmmm…– dice el papá de Natalia. Es un hombre muy inteligente. - ¿A qué hora es la competencia?

---

[41] no one

– Es a las nueve de la mañana. ¡Pero termina a las cuatro! El bautizo es a las dos.

– Es cierto. ¿Pero puedes salir de la competencia a las tres y llegar a la fiesta a las cuatro? No vas a estar para toda la competencia y no vas a estar para todo el bautizo, pero está bien. Puedes hacer las dos cosas. No va a ser fácil, pero puedes hacerlo. ¡Las personas bilingües son increíbles! Pueden hacer muchas cosas.

– ¡Qué bien, papá! ¡Voy a hacerlo! Voy a ir a la competencia y también al bautizo. Va a ser un poco difícil, pero puedo hacerlo. ¡Muchas gracias, papá!

Natalia se prepara para ir a la competencia en la mañana. ¿Qué van a decir sus amigos horribles?

Capítulo diez (10): La vida perfecta
sábado por la mañana

– ¡Qué bien, Ryan! ¡Estás marchando muy bien! – dice Ashley

Mis amigos son horribles, piensa Natalia. *Pero la competencia es importante.*

Cocoa High gana el segundo lugar[42] en la competencia. No es perfecto, pero es muy bueno. Hay muchas escuelas en la competencia. Natalia, Ashley y Ryan están contentos.

---

[42] **gana el segundo lugar** wins second place

– ¡Qué bien! – Dice Ryan. – Practicar es mucho trabajo, pero todo salió muy bien[43]. ¡Somos increíbles!

Sí, son increíbles. Piensa Natalia. *Increíblemente horribles. Pero también increíbles porque la competencia salió muy bien.*

Natalia habla con sus "amigos" y ve que otra persona está en la competencia. ¡Es Miguel!

– ¿Miguel? ¡Estás en la competencia de mi banda de marcha! ¡Muchas gracias! ¡Eres muy buen amigo! – dice Natalia. Le dice en secreto a Miguel, – Eres muy buen amigo, no como mis amigos horribles.

– Natalia, tenemos que decirte algo. – Dice Miguel. – Lo siento. Sé que te sentís[44] mal, pero tus amigos no son horribles. Tus amigos tienen algo para vos.

Natalia ve que Ashley tiene algo. Es un álbum. Es un álbum de fotos. Son muchas fotos de la vida de Natalia. Son fotos con Ryan, fotos con Ashley, fotos con Miguel y fotos con su familia.

---

[43] **todo salió muy bien** everything turned out really well
[44] **te sentís** you feel (vos form)

– Es mucho trabajo hacer un álbum. –
Dice Miguel. – Pero tenés muy buenos
amigos. Ashley tiene muchas fotos, Ryan
tiene muchas fotos y yo tengo muchas
fotos. Sabemos que te gustan mucho las
fotos. Ayer[45] en la casa de Ryan, Ashley y
Ryan hicieron[46] el álbum para vos.
¡Queremos decirte que sos[47] una persona
increíble!

Natalia no lo puede creer. Ve el álbum. Tiene
fotos en la escuela con muchos amigos
estadounidenses. Tiene fotos de fiestas de su
familia con familia y amigos latinos. Y tiene fotos
con Ashley, Ryan y Miguel – sus mejores
amigos. Se siente muy feliz. Su identidad es
complicada…no, no es complicada, es
compleja[48]. Es compleja y perfecta.

    – ¡Vamos al bautizo! – Dice Ashley.

---

[45] yesterday
[46] made
[47] you are (vos form)
[48] complex

– ¿Ustedes quieren ir a la fiesta de mi familia? ¡Las fiestas latinas son diferentes, pero son muy bonitas! Vamos a comer muchas cosas buenas: mole[49], carnitas[50] y pastel de tres leches[51]. Y también vamos a bailar.

– ¡Me gusta mucho bailar! – dice Ryan – pero no sé bailar muy bien.

– ¡Está bien! ¡Hoy tú y yo vamos a bailar bachata[52]! Bailar bachata es muy bonito y no es difícil.

– ¡Yo también quiero bailar bachata! – dice Ashley.

– ¡Podés[53] bailar conmigo! – dice Miguel.

– Sé bailar bachata y también cumbia[54]. La cumbia también te va a gustar.

– ¡Gracias Miguel! Y voy a hablar mucho el español contigo. Quiero practicar. ¡Es increíble ser bilingüe!

---

[49] Mexican sauce served on meat usually with rice and tortillas
[50] Mexican slow-cooked pork
[51] **pastel de tres leches** – a moist cake made with whole milk, evaporated milk, and condensed milk
[52] Latin music and dance originated in the Dominican Republic
[53] you can (vos form)
[54] Latin music and dance originated in Colombia and Panama

– Es cierto, Ashley. Puedo practicar mi inglés contigo y también podemos hablar en k'ich'e.

Natalia ve todas las fotos en el álbum y piensa en lo que dice su papá. *Es cierto. Soy yo. Soy Natalia. Soy mexicana y soy estadounidense. Soy bilingüe y soy increíble.*

Dedicado a Natalia y a todas las increíbles personas bilingües

Glosario

a at, to
adiós goodbye
africano African
afrolatino Black Latino
(Latino of African descent)
afromexicano Black
Mexican (Mexican of African
descent)
afropuertorriqueño Black
Puerto Rican (Puerto Rican
of African descent)
ahora now
al the, to the
álbum album
algo something
amigo/a friend
año year
    tienen 18 años they are
    18 years old
antipático unpleasant, mean
arresta arrests
bailar dance
banda de marcha marching
band
bautizo baptism
bebé baby
bien well
bueno, buen good
    buenos días good
    morning
bilingüe bilingual
bonita pretty, nice
capítulo chapter

cansada tired
carro car
casa home, house
celebrar celebrate
chica girl
cierto true
circunstancias
circumstances
clarinete clarinet (musical
instrument)
clase class
como how, like, as
competencia competition
complicado complicated
computadora computer
con with
    contigo with you
    conmigo with me
comer eat
comprender comprehend,
understand
    te comprenden under-
    stand you
    me comprenden under-
    stand me
    se comprenden under-
    stand each other
comunicar(te) comunicate
    se comunican they
    communicate
contento happy
contesta answers
continúa continues

conversación conversation
correcto correct
cosa thing
creer believe
    creo I believe
cuál which, what
cuando when
cultura culture
de of, from
debes you should
    debés you should (vos)
    debo I should
decisión decision
decidir decide
    decide decides
decir say
    decirme tell me
    decirte tell you
defender defend
dependen de depend on
día day
dice says
    dicen they say
    dices you say
    se dice you say, it is said
diferente (a) different (from)
difícil difficult
digo I say
    te digo I tell you
el the
él him, he
ella her, she

ellos they, them
en in, at, on
eres you are
es is, it is
escape escape
escuela school
ese, eso that
España Spain
    español Spanish
estar be
    está is
    están are
    estás you are
    ¿Cómo están? How are you all?
Estados Unidos United States
    estadounidense from the U.S.
este this
estoy I am
estudiantes students
    estudiar study
¡exacto! exactly!
exámenes tests
existe exists
experiencia experience
fácil easy
familia family
femenina feminine
fiesta party
formación formation
foto, fotografía photo

fuerte strong
furioso furious
gracias thank you
grande big
    gran big, great
le gusta he/she likes
les gusta they like
hablar speak
    habla speaks, calls (on the phone)
    hablan they speak
    le hablan they speak to him
    me hablan they speak to me
    hablas you speak
    hablo I speak
hacer do, make
    hace does, makes
    hacen they do, they make
    hacerlo do it
hay there is, there are
hola hello, hi
hora hour, time
hombre man
horrible horrible
hoy today
le gusta he/she likes
les gusta they like
identidad identity
identificación identification
igual equal, the same

importante important
imposible impossible
increíble incredible, unbelievable
    increíblemente incredibly
indígena indigenous
indocumentado undocumented (immigrant without legal authorization)
inglés English
inmigrante immigrant
instrumentos instruments
inteligente intelligent
interesante interesting
investigar investigate, find out
ir go
jueves Thursday
k'iche' indigenous language of Guatemala
la, las the (also her, them)
    la ve sees her
latino of Latin American origin or heritage
legal legal
    legalmente legally
llegar arrive
    llega arrives
lo mismo the same thing
lonche lunch
los the
lo siento I'm sorry

mal, malo bad
mamá mom
mañana morning, tomorrow
    por la mañana in the
    morning
marchar march
    marchando marching
más more
mayo May
media :30 (telling time)
mejor(es) better, best
dos two
    dos menos cuarto 1:45
mexicano Mexican
mi(s) my
mí me
miércoles Wednesday
mismo same
momento moment
monolingüe monolingual
(speaking 1 language)
mucho/a much, a lot
mujer woman
música music
muy very
necesita needs
    necesitas you need
nada nothing
    de nada you're
    welcome
nervioso/a nervous
no no, not
noche night

por la noche at night
normal normal
novio boyfriend
nuestro our
nueve nine
ocupado occupied, busy
oficiales officials
oficina office
opción option
origen origin
otro another
papá dad
para for, to
parte part
pensar think
pequeña small
perfecto perfect
pero but
persona person
piensa (en) thinks (about)
    piensan they/y'all think
poco little
poder be able to
    podemos we can
policía police
por for, in, by
    por qué why
    porque because
posibilidades possibilities
practicar practice
    practicando practicing
prepara prepares

(se) preparan prepare
primero first
primo/a cousin
problema problem
productos products
puede can
>pueden they can
>puedes you can
>puedo I can

puerta door
puertorriqueño Puerto Rican
que that, than, as
qué what, how
>**qué tal** how was, what's up?

quien who
querer want
>**quiere** wants
>**quieren** they want
>**quiero** I want

rápido fast
respectable respectable
responde responds
ridículo ridiculous
sábado Saturday
saber know
>**sabe** knows
>**sabes** you know

salir leave
>**sale** leaves
>**salen** leave
>**salió** turned out

se usually no translation
>**se dice** you say, it is said

sé I know
>**no sé** I don't know

secreto secret
Señora Mrs.
se siente feels
>**me siento** I feel
>**lo siento** I'm sorry

ser be
si if
sí yes
sofá couch
solo only
somos we are
son they are
soy I am
>**no soy** I am not

suerte luck
>**tengo suerte** I'm lucky

su(s) his, her, their
también also, too
tarde afternoon
>**por la tarde** in the afternoon

teléfono phone
tener to have
>**tenemos** we have
>**tengo** I have
>**tengo que** I have to
>**tiene** has
>**tiene que** has/have to

tienen they have
tienen que they have to
tienes you have
tienes que you have to
termina ends
tocar play (an instrument)
todo/a all
toma drinks, takes
    tomar la decisión make
    the decision
trabaja works
trabajador hardworking
trabajo work
tradición tradition
tres three
trilingüe trilingual (speaking
3 languages)
trompeta trumpet (musical
instrument)
tu(s) your
tú you
un, una a, one
usted you (formal)
ustedes y'all (you plural)
va goes
    se va leaves
    va a is going to
    van they go
    van a they are going to
    vas a you are going to
    vamos let's go, we are
    going
a veces sometimes

venir come
ver see, look at
    ve sees, looks at
vida life
viernes Friday
violencia violence
vos you
voy I go
    voy a I'm going to
xilófono xylophone (musical
instrument)
y and
ya no not anymore
yo I

Made in the USA
Middletown, DE
09 July 2019